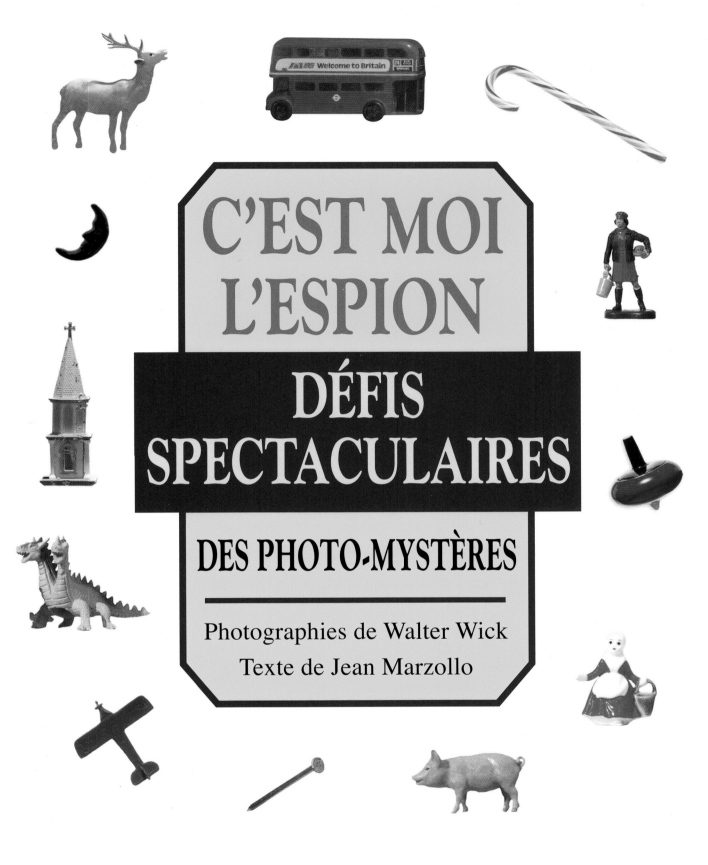

C'EST MOI L'ESPION

DÉFIS SPECTACULAIRES

DES PHOTO-MYSTÈRES

Photographies de Walter Wick

Texte de Jean Marzollo

Texte français d'Hélène Pilotto

Éditions SCHOLASTIC

À Gabriel Claudio Marzollo, avec mes
remerciements à papa Dave et à oncle Dan

J.M.

À mon épouse Linda,
une femme spectaculaire

W.W.

Catalogage avant publication de Bibliothèque et Archives Canada

Wick, Walter

C'est moi l'espion défis spectaculaires : des photo-mystères / photographies de Walter Wick ;
texte de Jean Marzollo ; texte français d'Hélène Pilotto.

(C'est moi l'espion)
Traduction de: I spy spectacular.
ISBN 978-1-4431-1424-0

1. Casse-tête--Ouvrages pour la jeunesse. 2. Livres-jeux.
I. Marzollo, Jean II. Pilotto, Hélène III. Titre.
IV. Collection: C'est moi l'espion

GV1507.P47W51314 2011   j793.73   C2011-901549-8

Table des matières

Ce livre déborde d'énigmes en images.
Ouvre grand les yeux! Tourne les pages!

Utilise ton sens de l'observation.
À partir de maintenant, c'est toi l'espion!

Je cherche une barbe, deux cordes nouées, deux hélices,
une échelle et une louche sur laquelle on glisse;

8

cinq yeux en forme de trou, la lettre Y, le chiffre 2,
une fourchette jaune et deux chapeaux bleus.

Je cherche un œil jaune et vert, un corbeau,
une cravate rouge et quatre sacs à dos;

le chiffre 9, un ressort, un cintre, un couteau,
une coccinelle et une boîte pour les envois postaux.

Je cherche un tambourin, trois coqs à la queue leu leu,

un ballon de football et des ailes bleues;

un domino, deux clowns, un tablier,
la queue d'un lion et un voile de mariée.

Je cherche un dragon, le nombre 1978, une oreille argentée,

une capsule de bouteille et une roue dentée;

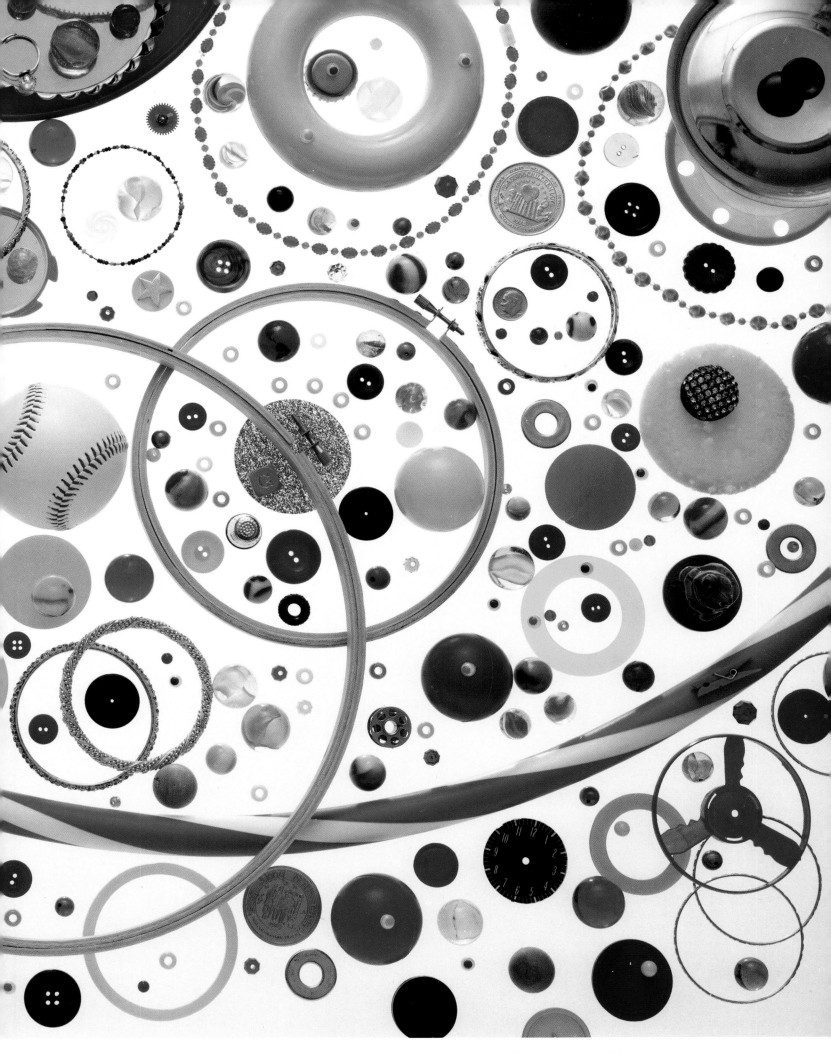

deux boutons à cinq trous, quatre rondelles métalliques,
un élastique rouge et l'Amérique.

Je cherche une pelle, un clou, une bouteille,

un âne, un té en bois et une abeille;

un tuyau d'arrosage, un renard, un escargot,
un seau rouge et un chat noir qui observe la scène de haut. 17

Je cherche un marteau, un cygne, un trophée,
un tabouret et un trombone pour retenir les papiers;

deux ressorts, un appareil photo, un peigne, une trompe d'éléphant,
une clé, un bâton de baseball et un petit chapeau blanc.

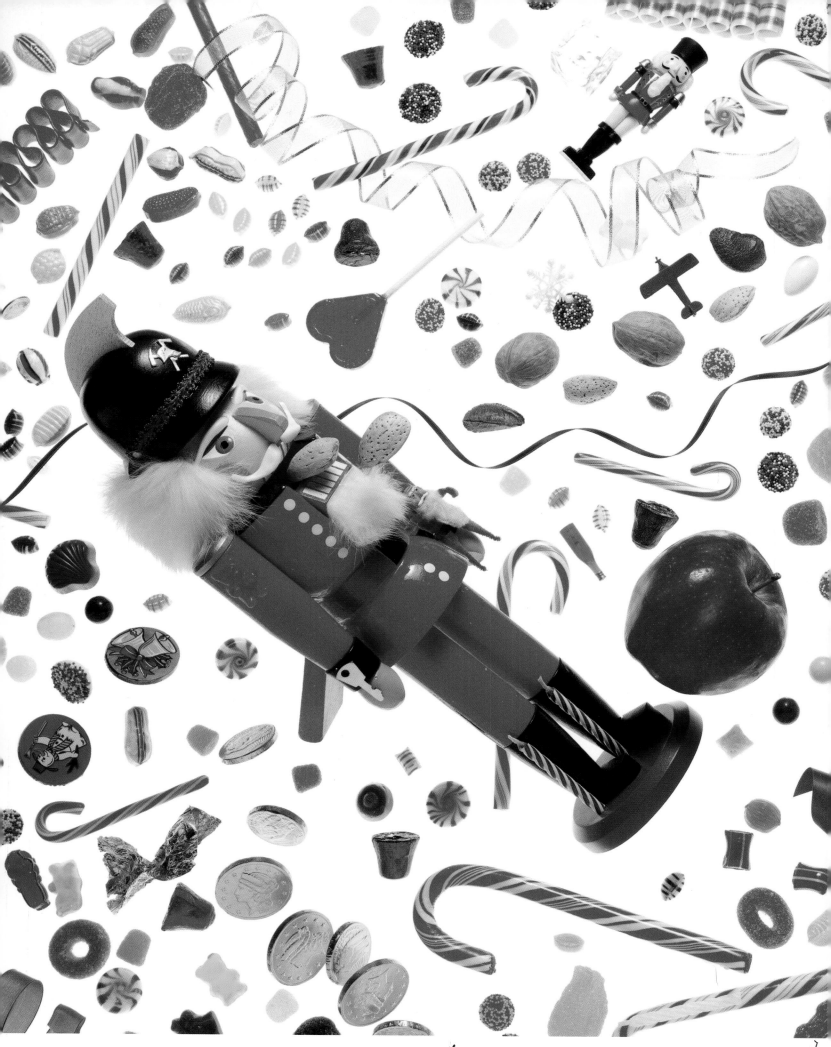

Je cherche trois boucles différentes, six dents parfaitement alignées,

une arachide, un cure-dents et des pieds faits pour danser;

trois couronnes, cinq bougies d'anniversaire, un balai,
une étoile à six branches et une locomotive en chocolat au lait. 21

Je cherche un poisson, un valet aux yeux creux,

la lettre Q, un tambourin et des chaussettes bleues;

le chiffre 3, quatre oreilles de lapin, une lune miniature,
un petit té vert et un cavalier au galop sur sa monture.

Je cherche une tasse, un chien, un crapaud, une couronne,
des prunes, un regard mauvais et un haut-de-forme;

une petite fleur bleue, une queue de cochon, l'anse d'une théière,
la flamme d'une chandelle et deux tresses en l'air.

Je cherche un bouton gris, deux billets d'entrée,
sept boutons peints en blanc et la lettre A inversée;

huit pattes de lézard, deux baguettes magiques dorées,
la lettre H et une selle de bicyclette renversée.

Je cherche une épinglette en forme de couronne, un flocon,
une étoile, une petite guitare et un point d'exclamation;

une machine à coudre, une épingle de sûreté,
une épingle à cheveux fixée sur du vert et un fermoir doré.

Je cherche une pelle, un dé à coudre, un coq, une épée,

un canon et deux petits garçons pressés;

une gomme à effacer, deux échelles, deux vis,
deux pneus à réparer et le nombre 1956.

D'AUTRES ÉNIGMES

Trouve les illustrations qui correspondent à ces énigmes.

Je cherche un dé à coudre, un yo-yo en bois
et deux paires d'yeux fixées sur toi.

Je cherche deux mains qui désignent une roue dentée,
un mécanicien et un nez en forme d'épée.

Je cherche un parapluie, une moustache noire minuscule,
des pieds qui dansent et une libellule.

Je cherche un haut chapeau noir, une chauve-souris,
le cou d'une girafe, une balle de golf et une de baseball aussi.

Je cherche un panneau « virage à droite interdit », une contravention
et un homme qui photographie son fils en pleine action.

Je cherche un agneau, l'ombre d'une épée,

du sable et une bétonnière bien colorée.

Je cherche un domino, une bague plutôt jolie,

une corde brisée et un rouleau à pâtisserie.

Je cherche une cabane à oiseaux, un chien, un gant,

un tigre, un cerf et une chaise sans occupant.

Je cherche un sifflet, un poisson, un parapluie fermé,

un éventail rouge, une pelle et un policier.

Je cherche deux bobines de fil, un cornet fraise-vanille

et un petit bout de tissu rouge imprimé de pastilles.

Je cherche une canne de Noël, une chaise, un violon,

un marteau et un ourson avec un nœud papillon.

Je cherche un bonhomme de neige, un coquillage en chocolat,

une sucette en forme de cœur et la coquille brisée d'une noix.

Les créateurs de la série *C'est moi l'espion*

JEAN MARZOLLO
avec la collaboration de Dan Marzollo et de Dave Marzollo

Jean Marzollo est l'auteure de plus de 130 livres dont près d'une dizaine dans la série *C'est moi l'espion*. Elle s'adresse surtout aux enfants, mais sa production inclut aussi quelques titres destinés aux parents et aux enseignants. Au cours de ces dernières années, elle a écrit et illustré plusieurs livres numériques interactifs pour enfants, que l'on peut consulter gratuitement sur son site Internet.

Petite, Jean adorait lire et fabriquer des choses, surtout des vêtements de poupées. Elle a grandi à Manchester, dans le Connecticut. Elle est diplômée de l'université du Connecticut, et possède une maîtrise de la Harvard Graduate School of Education. Elle vit avec son mari dans la vallée de l'Hudson, dans l'État de New York. C'est là qu'ont grandi ses fils, Dan et Dave. Lorsqu'ils étaient adolescents, ils ont eu la chance de tester les premiers livres de la série *C'est moi l'espion*. À présent, ils aident leur mère à en rédiger de nouveaux à partir d'énigmes originales, en pigeant parmi les milliers d'objets qui apparaissent dans les huit livres précédents. Tout en respectant la structure rythmée et rimée typique des textes de la série, ils rivalisent de créativité pour faire découvrir aux lecteurs de nouveaux objets intéressants. « On essaie de ne jamais faire chercher deux fois le même objet, déclare Dan. Si on doit le faire, on le décrit d'une façon différente. Ainsi, le charme et le plaisir du jeu restent intacts, comme c'était le cas lorsque le premier livre de la série a été publié, il y a 20 ans. »

WALTER WICK

Lauréat de nombreux prix, Walter Wick est le photographe de la série *C'est moi l'espion*, ainsi que l'auteur et le photographe de la série à succès *Vois-tu ce que je vois?* Il a toujours aimé bricoler et créer. Après avoir obtenu son diplôme du Paier College of Art, il n'a pas tardé à se démarquer par ses illustrations photographiques ingénieuses. En plus de réaliser de nombreuses affiches et couvertures de magazines, Walter Wick invente toutes sortes de jeux photographiques pour le magazine *GAMES*. En créant les photo-mystères du premier livre de la série *C'est moi l'espion* en 1991, il a trouvé le public qui convient parfaitement à sa vision unique. Depuis, tous ses livres connaissent un grand succès, notamment ceux destinés aux jeunes. Ses créations lui ont valu plusieurs mentions et prix prestigieux. Walter Wick vit dans le Connecticut avec sa femme, Linda. Pour plus de renseignements à son sujet ou à propos de ses livres, on peut consulter son site Internet.

CAROL DEVINE CARSON

Carol Devine Carson, qui a assuré la conception graphique des premiers livres de la série *C'est moi l'espion*, est directrice artistique pour une importante maison d'édition de New York. Elle a conçu la couverture de nombreux livres traitant de personnalités célèbres, comme Bill Clinton et le pape Jean-Paul II.

La petite histoire de *I Spy :*
A Book of Picture Riddles
(C'est moi l'espion),
le tout premier livre de la série

En 1986, Jean Marzollo, auteure de livres jeunesse dont le travail a été maintes fois primé, est responsable du magazine destiné aux tout-petits *Let's Find Out*, publié chez Scholastic. Carol Devine Carson, directrice artistique réputée, est sa collaboratrice. Un jour, elles trouvent dans le courrier une photo faisant la promotion d'articles de quincaillerie. Cette photo fascinante est l'œuvre de Walter Wick, photographe et artiste remarquable. Dès qu'elle voit le montage photographique, avec ces objets présentés clairement et de manière attrayante, Jean sait que le travail de Walter Wick conviendrait à merveille aux enfants du niveau préscolaire. Carol et Jean demandent alors à Walter de créer une affiche pour la classe, sur laquelle apparaîtraient toutes sortes de fermetures à glissière, de boutons, de trombones et d'attaches diverses. L'affiche est mise sur le marché en janvier 1987 et connaît un vif succès, tant auprès des enfants que des enseignants. Par la suite, Jean et Carol demandent à Walter de créer d'autres photos pour le magazine. Le résultat attire l'attention de Grace Maccarone et de Bernette Ford, chez Scholastic, qui contactent Jean afin de savoir si Carol et Walter souhaiteraient qu'un livre soit publié. La réponse est oui!

Jean, Carol et Walter unissent donc leurs efforts et créent le tout premier *C'est moi l'espion* pour les éditions Scholastic. Durant le processus, ils veillent à ce que chacune des splendides photos convienne aux jeunes enfants sur le plan éducatif, que chaque énigme soit enrichissante grâce à un vocabulaire intégré dans des phrases rythmée et rimées, et que l'aspect visuel du livre donne envie aux enfants de se lancer à la recherche des objets camouflés.

La parution du livre *I Spy : A Book of Picture Riddles* est prévue pour 1992, mais certaines personnes-clés chez Scholastic sont tellement emballées par les exemplaires de prépublication qu'elles font en sorte que le livre soit en librairie dès l'automne 1991. Jean, Carol et Walter, qui espéraient que leur livre plaise aux tout-petits, sont ravis de constater qu'il fait également fureur auprès des enfants plus âgés et même des adultes. Si Walter s'est ingénié à cacher chaque objet avec soin, il s'est aussi assuré que les lecteurs soient capables de finir par les dénicher tous… et qu'ils se sentent comme des héros en y arrivant. Les parents constatent avec surprise (et fierté) que leurs enfants sont souvent meilleurs qu'eux pour repérer les objets dissimulés dans l'image.

REMERCIEMENTS

Nous aimerions remercier toutes les personnes chez Scholastic qui nous ont aidés à publier les différents livres de la série *C'est moi l'espion* au fil des ans. Nous témoignons notamment notre reconnaissance à nos éditeurs, Bernette Ford, Grace Maccarone et Ken Geist, et offrons un merci particulier à Molly Friedrich, de The Friedrich Agency. Enfin, nous adressons notre dernier remerciement – mais non le moindre – au jeune Stefan N. Linson, neuf ans, qui a effectué la vérification finale du livre, s'assurant ainsi qu'on pouvait trouver chaque objet.

Bon anniversaire et bonne chasse!

Jean Marzollo et Walter Wick

Les enfants plongent dans l'univers de *C'est moi l'espion* parce que la série mise sur leurs excellentes capacités de discrimination visuelle. Cette collection leur pose des défis de plus en plus grands, tout en leur permettant de réussir dès le début. Les enseignants qui se servent de cette méthode avec leurs élèves ont pu constater qu'elle fonctionne à merveille! L'un des autres attraits de *C'est moi l'espion*, outre la beauté des photographies de Walter Wick, est leur caractère unique. Elles captivent notre attention parce qu'elles sont intéressantes et différentes de ce qu'on voit habituellement. Les recherches sur le cerveau révèlent que les apprenants sont sensibles à l'attrait de la nouveauté. Les albums de la série *C'est moi l'espion* suscitent l'intérêt des enfants et, en même temps, les aident à découvrir les rimes, à enrichir leur vocabulaire et à améliorer leurs capacités en lecture et en rédaction.

— Joanne Marien, administratrice en chef, écoles publiques de Somers
   Somers, État de New York